RÉPONSE AU MÉMOIRE

DE M. L'ABBÉ MORELLET,

SUR LA

COMPAGNIE DES INDES,

Imprimée en exécution de la Délibération de M.^{rs} les Actionnaires, prise dans l'Assemblée générale du 8 Août 1769.

A PARIS,
DE L'IMPRIMERIE ROYALE.

M. DCCLXIX.

CETTE Réponse ayant dû être préparée dans quinze jours, afin qu'elle pût être lûe à l'Assemblée générale de M.ʳˢ les Actionnaires, du 8 Août; son Auteur, distrait d'ailleurs par des occupations indispensables, a bien senti qu'il n'avoit pu lui donner l'étendue & la correction que l'importance du sujet paroissoit exiger : il osoit se flatter de l'indulgence des Propriétaires dont il défendoit la cause; mais il ne peut en espérer du Public, qu'en s'excusant d'avoir fait imprimer un ouvrage si imparfait, par l'obéissance qu'il devoit à la Délibération de M.ʳˢ les Actionnaires.

LE Mémoire, Monsieur, dont vous êtes l'auteur, intéresse essentiellement les Actionnaires, comme propriétaires du bien & des droits que vous discutez; mais il fixe aussi l'attention de tous les membres de l'État, par les questions économiques que vous y traitez, & plus encore peut-être par l'étendue que vous donnez à des principes qui intéressent toutes les propriétés des citoyens. Animé par ces différens motifs, j'ai hasardé de mettre par écrit les réflexions que la lecture de votre Mémoire m'a fait naître; elles pourront peut-être suspendre le jugement du Public, en attendant qu'un homme doué de plus de talens & de lumières, puisse composer un ouvrage complet sur un objet d'une aussi grande importance.

Je commencerai, Monsieur, par vous faire une ou deux remarques de procédé.

Vous composez un Mémoire qui attaque les droits des Actionnaires & l'existence de la Compagnie des Indes, vous le communiquez aux Ministres du Roi, assez à temps pour qu'ils puissent en prendre connoissance avant le jour où les objets que vous traitez doivent être portés au Conseil; & ce n'est que la veille de ce même jour, que cet ouvrage est répandu dans le public, lorsqu'il ne reste plus aux Actionnaires assez de temps pour se défendre.

Des Députés nommés par les Actionnaires, font pendant plusieurs mois des recherches pénibles pour connoître la fortune de la Compagnie; vous vous procurez, sans leur consentement, les états qu'ils ont formés; vous devancez le compte qu'ils doivent en rendre à leurs coassociés; vous faites imprimer ces états, vous y joignez des notes critiques que vous n'avez point soumises au jugement des personnes qui pouvoient les discuter.

Cependant le droit de communiquer un travail n'appartient-il pas à celui qui l'a fait ! & les propriétaires ne doivent-ils pas entendre les premiers ce qui intéresse leur propriété ! avoient-ils remis leur cause entre vos mains !

Sans mandat, sans commission de la part des Actionnaires, sans être ni leur coassocié, ni leur créancier, vous évaluez leur fortune ; vous discutez leurs droits, toujours pour les diminuer, toujours pour les restreindre, & avec une partialité qui se manifeste à chaque instant.

Mais si vous n'êtes pas l'homme de confiance des Actionnaires, quel est donc le motif qui vous anime ! l'amour de la vérité, dites-vous. Triste & singulier amour de la vérité, que celui qui vous engage à introduire une inquisition terrible sur les propriétés des citoyens ! mais nous verrons bientôt si vous y avez procédé avec justice ; nous verrons comment vous avez cherché à la connoître, cette vérité que vous aimez.

Vous dépeignez les Actionnaires comme des citoyens avides, qui ont continuellement demandé au Gouvernement ce qui ne leur étoit pas dû ; qui ont joui de faveurs importunes à la société ; qui ont étouffé l'industrie, & persisté opiniâtrément dans l'exploitation d'un privilége contraire à l'utilité publique : Vous représentez enfin la Compagnie des Indes comme une société odieuse, qui, loin d'avoir bien mérité du Gouvernement, s'est au contraire séparée de la protection publique par l'exercice d'un privilége exclusif.

Vous concluez sur de pareils motifs que, si les Actionnaires se refusent à un projet que vous ne communiquez point, le Gouvernement pourroit, sans injustice, les priver du bien qui leur reste, puisqu'ils ne le tiennent que de sa faveur.

Certainement ils ne contesteroient point cette origine flatteuse de leur propriété ; le titre qui leur rappellera l'ancienne bienveillance de Sa Majesté, sera toujours le plus cher à leurs yeux; mais vous ajoutez que ces faveurs ont été nuisibles au reste des citoyens, & vous pensez qu'ils peuvent réclamer contr'elles.

C'est ici que les Actionnaires doivent vous arrêter: la défense de leur propriété & celle de leur honneur peut-être, les y obligent également: Fut-il jamais de reproches plus injustes que ceux que vous leur faites!

Vous accusez la Compagnie des Indes d'avoir été à charge à l'État, & c'est l'État uniquement qui a profité de ses travaux: Vous reprochez aux Actionnaires le bien qu'ils possèdent, vous faites entrevoir que le Gouvernement pourroit les en priver sans injustice; & ce bien est le reste d'une fortune immense dissipée dans une Société qui n'a jamais été établie pour leur intérêt, mais pour l'avantage de l'État; qui n'a jamais été conduite par eux ni par leurs représentans, mais par des Commissaires & des Directeurs nommés par le Roi.

Je le dirai donc avec vérité, & je le soutiendrai avec la persuasion la plus intime, la Compagnie des Indes a rendu les plus grands services à l'État, bien loin de lui avoir été à charge.

Les Actionnaires ont fait des sacrifices immenses pour lui, bien loin d'avoir augmenté à ses dépens leur fortune particulière.

Voilà les deux propositions dont j'espère démontrer l'incontestable vérité, & je sollicite à cet égard avec instance l'attention de ces hommes honnêtes & non prévenus, dont le jugement sévère & impartial fixe tôt ou tard l'opinion publique.

C'étoit une vieille croyance que la Compagnie des Indes avoit été utile à l'État, & les loix émanées du Trône depuis cent années, avoient consacré cette opinion; quelques raisonnemens abstraits suffiront-ils pour la détruire!

Je vais les suivre avec attention.

On commence par tâcher de rendre odieux le privilége de la

Compagnie des Indes, & on l'attaque, comme il n'eſt que trop ordinaire, par des généralités: Les priviléges excluſifs, dites-vous, ſont toujours à la piſte de l'induſtrie, ils l'arrêtent, ils la contraignent, ils ſont une violation des droits de la ſociété.

Ces principes juſtes & vrais en général, ſont néanmoins ſuſceptibles de quelqu'exception.

Un Gouvernement juge qu'un établiſſement ſera utile à l'État, il aperçoit en même temps que les commencemens de cette entrepriſe ſeront coûteux, & que le ſuccès ne paroîtra pas aſſez prochain pour qu'on veuille la tenter.

Le Gouvernement eſt alors invité par ſa ſageſſe à y concourir; & ſi ſon tréſor ne lui permet pas de fournir un ſecours d'argent, il y ſupplée quelquefois par un privilége; mais s'il en fixe la durée en raiſon de l'encouragement qui ſuffit à l'entrepriſe, ſans nulle conſidération particulière pour l'Entrepreneur, un tel privilége, loin de nuire à l'induſtrie, la provoque, puiſqu'il excite un établiſſement qui n'auroit point eu lieu ſans cela.

Si un privilége excluſif étoit, ſans exception, une violation des droits de la ſociété, comment toutes les nations de l'Europe les plus attachées à la liberté, auroient-elles confié l'exercice du commerce des Indes, à une Compagnie privilégiée!

Étoit-il un moyen plus certain d'intéreſſer à ce commerce le plus grand nombre poſſible de citoyens, que de ſubdiviſer en trente ou quarante mille parts tous les fonds qu'on pouvoit y employer!

La plus grande ſubdiviſion poſſible d'intérêts une fois établie, étoit-il contraire à la ſageſſe & à la juſtice du Gouvernement, de réunir ces divers intérêts dans leur mouvement, ſi cette unité d'opérations concouroit à leur avantage & à celui de l'État!

Étoit-ce enfin une violation des droits de la ſociété que de préſumer que les hommes toujours décidés par le moment présent & par leur intérêt, peuvent quelquefois, même dans le commerce, recevoir des règles salutaires de la part du Gouvernement, dont l'œil paternel parcourt la masse entière des citoyens, & lie continuellement le présent à l'avenir!

Telle fut, sans doute, Monsieur, une partie des considérations qui déterminèrent Louis XIV à accorder un privilége exclusif à la Compagnie des Indes, & à exciter son commerce par différentes prérogatives.

La formation de cette Compagnie ne fut point l'ouvrage de la cupidité; il fallut échauffer les esprits par le patriotisme & les aiguillonner par la vanité. Louis XIV écrivit cent dix-neuf Lettres aux Maires & Échevins des principales villes du royaume; il tint dans son Palais la première assemblée des principaux intéressés de la Compagnie, & il ne dédaigna point d'y paroître; il engagea les Grands de sa Cour à seconder ses desseins, & l'on trouve dans ce temps-là, comme aujourd'hui, les noms des plus illustres Maisons de France au nombre des Actionnaires de la Compagnie des Indes.

L'on voit donc manifestement que ce fut pour l'avantage de l'État qu'elle fut établie, & non pour satisfaire les sollicitations intéressées de quelques particuliers: les Édits ne dirent point, *voulant favoriser* tels & tels. Mais *sur ce qu'il nous a été représenté qu'il étoit du bien de notre royaume, &c.*

C'est toujours dans le même esprit que la Compagnie a été maintenue, & ce fut sans doute ce qui détermina le Gouvernement à la faire régir par des Commissaires du Roi, & à ôter ensuite aux Actionnaires jusqu'à la nomination de leurs Directeurs.

Si la Compagnie avoit été envisagée comme une société d'hommes travaillans au milieu de l'État pour leur intérêt propre, il eût été contraire à la justice de confier le bien de ses intéressés à la conduite libre & indépendante, d'Administrateurs qu'ils n'auroient point choisis.

Ces diverſes conſidérations, ſuffiſent pour faire apercevoir que le Gouvernement avoit toujours enviſagé la Compagnie comme un établiſſement utile à l'État; &, lors même que vous prouveriez aujourd'hui que cette manière de voir étoit erronée, ce ſeroit encore injuſtement que vous voudriez priver les Actionnaires du droit que leurs efforts & leurs ſacrifices paſſés leur ont acquis ſur la reconnoiſſance publique; ce ſeroit refuſer à un Soldat le prix de ſes travaux en diſcutant avec lui l'utilité de la conquête.

Mais il s'en faut bien que les Actionnaires ſoient réduits à défendre ainſi le mérite de leurs ſervices: l'opinion conſtante ſur l'utilité paſſée de la Compagnie des Indes, étoit parfaitement juſte, & je vais examiner le principal raiſonnement que vous employez pour perſuader qu'elle a été à charge à l'État.

Vous rendez compte de toutes les ventes que la Compagnie a procurées à l'État depuis 1725, qui montent, dites-vous, à trois cents millions: vous énumérez enſuite toutes les ſommes que le Roi a payées à la Compagnie au-delà de ce qu'il lui devoit: vous les faites monter depuis cette même époque à trois cents ſoixante-ſeize millions, & vous concluez que trois cents millions de vente ayant coûté à l'État trois cents ſoixante-ſeize millions, il eſt clair que la Compagnie des Indes lui a été conſtamment à charge, puiſqu'un tel commerce ne valoit pas un tel ſacrifice.

Je doute qu'on puiſſe réunir dans un même raiſonnement, un plus grand nombre de faits, de principes & de rapports erronés.

1.° La Compagnie des Indes a procuré à l'État plus de ſix cents millions de vente, au lieu de trois cents.

2.° Le Roi n'a rien payé à la Compagnie au-delà de ce qu'il lui devoit.

3.° Ni le montant des ventes, ni les ſommes que le Roi auroit pu payer à la Compagnie au-delà de ſes créances, ne ſont les
objets

objets de comparaison qui peuvent faire juger si la Compagnie a été à charge à l'État.

La somme des ventes ne peut éclairer sur cette dernière question, qu'autant qu'on met à côté d'elles & le bénéfice qu'elles ont donné & celui qui a été fait sur les marchandises d'exportation qui ont contribué à les payer : car ce n'est point par la somme des ventes qu'on fait dans un État, que cet État s'enrichit, mais par le bénéfice, plus ou moins grand, qu'on lui a procuré dans les échanges qui ont donné lieu à ces ventes ; & d'après ce principe, un commerce de dix millions pourroit être plus avantageux à l'État, qu'un de vingt ou qu'un de trente.

La somme que le Gouvernement auroit fournie à la Compagnie au-delà de ses créances, ne suffiroit pas non plus pour prouver qu'elle auroit été à charge à l'État, elle indiqueroit uniquement que le trésor du Prince auroit fait des sacrifices pour elle : mais l'État peut gagner lorsque le trésor du Prince perd, comme l'État peut s'appauvrir quand le trésor du Prince s'enrichit.

Ces vérités sont trop sensibles pour qu'elles aient besoin d'être développées.

Au reste, que nous importe cette question ! La Compagnie n'a rien reçu du Gouvernement qui ne lui fût dû & qui ne lui appartînt par les titres les plus respectables ; je le prouverai : mais comme en établissant un fait contraire, vous en avez tiré les conséquences les plus fâcheuses pour la propriété, j'ai cru devoir joindre l'examen de cette question à celui que je ferai bientôt de tous les droits des Actionnaires.

Il me reste à montrer que vous vous trompez sur la somme des ventes que la Compagnie a procurées à l'État ; & à cette occasion je ne puis m'empêcher de fixer l'attention sur la méthode que vous avez suivie pour diminuer en apparence l'étendue de son commerce.

Vous paffez d'abord fous filence, dans le tableau que vous en faites, toutes les ventes aux Indes, des marchandifes d'exportation.

Vous retranchez enfuite, fous le prétexte le plus frivole, tout le montant du commerce de Chine, de Guinée, du Sénégal & du Canada.

Le privilége exclufif, dites-vous, n'étoit pas néceffaire au commerce de Chine; mais vous êtes auffi d'avis qu'il étoit inutile au commerce des Indes; ainfi vous pouviez, par la même raifon, retrancher fes retours de votre tableau, ce qui vous auroit permis de placer trois cents foixante-feize millions contre rien, & n'eût pas manqué de produire encore un plus grand effet.

Ce n'eft pas tout. Ces trois cents foixante-feize millions font la folde d'un compte que vous avez étendu jufqu'à l'année 1769, & votre tableau comparatif des ventes finit à 1756. On auroit peine à croire à de pareilles difcordances, fi on ne les avoit pas fous les yeux !

Enfin, après n'avoir fait entrer dans ce tableau, que les retours de l'Inde, vous faites de leur montant une moyenne proportionnelle entre quarante-quatre années, afin d'affoiblir ainfi la fin par le commencement, & la paix par la guerre; après quoi vous comparez le réfultat qu'une pareille bafe vous donne, avec la fomme d'autres commerces vus dans leur entier, en pleine paix, & dans leur état le plus floriffant.

Enfin dans le calcul des ventes que la Compagnie a procurées, vous négligez de faire apercevoir un objet confidérable, c'eft le montant des pacotilles; l'État lui en eft redevable fans doute autant & plus que de fes propres retours, puifqu'elles ont toutes été faites aux dépens de la Compagnie, & qu'elle en a payé tous les frais fans en partager les profits; je ne fais à quelle fomme on peut évaluer cet objet, mais vous autoriferiez à le porter fort loin, puifque vous dites, Monfieur, que fur des vaiffeaux de neuf cents tonneaux, deftinés pour l'Inde, il n'y en a guère que cinq cents chargés pour le compte de la Compagnie, & qu'au retour une grande partie du vaiffeau eft remplie par les pacotilles des Officiers & Employés; circonftances fans doute fort exagérées.

Quoi qu'il en foit, les divers objets dont j'ai rendu compte, indiquent fuffifamment qu'au lieu de trois cents millions de vente procurées à la Compagnie, vous en auriez pu mettre fix ou fept cents.

Je viens d'indiquer les erreurs dans lefquelles vous êtes tombé, en voulant démontrer que la Compagnie avoit été à charge à l'État; mais l'examen de cette queftion tient principalement à l'utilité du privilége exclufif, comparée à l'utilité du commerce particulier.

La Compagnie des Indes aura été utile à l'État, fi dans fes achats & dans fes ventes, fon privilége exclufif a procuré à la nation un bénéfice pris fur les Étrangers, que le commerce particulier n'auroit pas procuré; je jetterai un coup d'œil fur cette queftion à la fin de cette lettre. Je me bornerai maintenant à prouver que la Compagnie, bien loin d'avoir été à charge au tréfor du Prince, l'a foulagé confidérablement; & voici le raifonnement très-fimple qu'on peut faire à cet égard.

J'établis d'abord deux faits; l'un, que les Actionnaires ont verfé dans la Compagnie des Indes, des fommes confidérables au-delà du bien qui leur refte; je le prouverai en difcutant les droits des Actionnaires. L'autre, que la Compagnie des Indes a toujours gagné par les opérations de fon commerce: en effet, depuis 1725 jufqu'à la dernière paix, le bénéfice fur les marchandifes d'exportation a roulé de trente-cinq à quarante-cinq pour cent; celui fur les marchandifes d'importation de quatre-vingt-dix à cent quarante pour cent, & fes pertes maritimes n'ont pas monté à trois pour cent.

Ces deux faits établis, on demande : tous ces fonds & ces profits qui excèdent infiniment les dividendes reçus par les Actionnaires, que sont-ils devenus ! à quoi ont-ils été destinés ! le voici.

À franchir les obstacles dans cette multitude de commerces dont la Compagnie a ouvert les voies, à former les premiers établissemens au Canada, à la Louisiane, à la Chine, à Suratte, à Mahé, au Bengale, à Moka, sur les côtes de Coromandel & de Malabar, sur celles du Sénégal & de Guinée, aux Isles de France & de Bourbon, à encourager la culture de ces deux dernières, à construire des ports, à les entretenir, à élever des fortifications, à faire des chemins, à bâtir des arsenaux, des églises, des hôpitaux & plusieurs autres édifices publics, à payer les Juges civils, à soudoyer les troupes, & à faire en un mot toutes les dépenses de la souveraineté.

Si donc le même commerce que la Compagnie a exercé exclusivement avoit été abandonné aux particuliers, il est évident que toutes les dépenses qu'on vient de citer, auroient été à la charge du Gouvernement ; & puisqu'une partie de ces dépenses a été payée par les profits du commerce, & par les fonds des Actionnaires, il est clair que la Compagnie a soulagé le Trésor royal d'une somme égale à ces deux objets, on ne se hasarde point à la fixer ; mais on verra facilement qu'elle est très-forte, & l'on pourroit observer encore que ces mêmes dépenses de souveraineté, séparées de l'économie marchande, auroient peut-être été beaucoup plus considérables.

Qu'on élève donc à son gré la puissance du commerce particulier, qu'on vante ce qu'il eût fait ou ce qu'il eût pu faire, je ne le contesterai point : pour répondre à des possibilités, il faut leur en opposer d'autres, & cette guerre d'imagination ne convient pas à notre sujet ; mais qu'on n'affoiblisse point les services passés de la Compagnie, qu'on ne détourne point les yeux des sacrifices de ses Actionnaires, ils ne demandent ni dédommagement ni récompenses; mais qu'on ne leur raviffe pas la penfée qu'ils ont été les membres d'une fociété utile à l'État, & qu'on ne cherche point à élever contr'eux le cri de la Nation.

Les Actionnaires ne défendront la Compagnie des Indes, qu'en préfentant les faits qui parlent pour elle, ils font heureufement trop publics pour qu'on puiffe les contefter: Je n'entreprendrai point de les énumérer, la France & l'Europe entière en font également les témoins. C'eft cette Compagnie qui a formé tous les établiffemens de l'Inde, c'eft elle qui a changé deux îles incultes & défertes dans deux îles commerçantes & cultivées, c'eft elle qui avoit élevé la ville de Pondichery & tous ces établiffemens floriffans qui excitoient l'envie des autres Nations avant la dernière guerre: C'eft cette Compagnie qui a, pour ainfi dire, créé la ville de l'Orient, c'eft elle qui entend encore aujourd'hui les cris de fes citoyens qui s'intéreffent à fon fort, & les vœux confolans de toute une province: C'eft cette même Compagnie, qui depuis la paix, a franchi de nouveau tous les obftacles, qui a relevé les établiffemens de la Nation, détruits par la guerre, qui a déjà changé des monceaux de ruine en une ville peuplée qui commence à retracer l'image de l'ancienne Pondichery, & qui dans peu fans doute, auroit fait oublier tous fes malheurs: C'eft cette Compagnie qui depuis 1764, a liquidé foixante millions de dettes contractées par Sa Majefté dans les Indes; qui vient d'apporter dans le royaume toutes les marchandifes des Indes & de la Chine, dont l'écoulement paroît poffible en France: C'eft cette même Compagnie qui nourrit aujourd'hui quatre mille Matelots, qui emploie un nombre infini de Commis & de ferviteurs, tant en Europe qu'aux Indes; qui occupe des manufactures de toute efpèce, qui entretient un corps refpectable d'Officiers de Marine, dignes d'être employés

& dans la paix & dans la guerre. Enfin & pour finir par donner une idée précise de la Compagnie des Indes, c'est elle qui après avoir admis à ses profits, les arts & l'industrie dans ses armemens, les pauvres parmi ses Matelots, le cultivateur & les manufacturiers dans ses achats, le négociant dans ses ventes, & les citoyens de toute espèce dans ses emplois, a fini par consacrer le reste de ces mêmes profits & une partie considérable des fonds de ses Actionnaires, à soulager le trésor du Prince, de dépenses de guerre & de souveraineté qui lui appartenoient.

Voilà, Monsieur, les dommages que la Compagnie des Indes a causés au Trésor royal, voilà ses crimes envers l'État.

Sur les droits des Actionnaires.

Tournons maintenant nos regards vers les droits des Actionnaires, examinons si vous les discutez impartialement, voyons si leurs titres sont méprisables, s'ils ont joui de ce qui ne leur appartenoit pas, & s'ils méritent qu'on déroge contr'eux, aux loix les plus authentiques.

Vous dites, Monsieur, que s'ils refusoient de se prêter à un projet que vous n'indiquez pas, on seroit en droit de les ramener à leur ancien titre; ce titre, vous le fixez à un arrêt du Conseil de 1719, qui réduisoit à trois pour cent l'intérêt de leur ancien contrat de cent millions, & en conséquence vous voulez que tout ce que la Compagnie des Indes a reçu au-delà de trois millions par année depuis quarante-quatre ans, soit une faveur du Souverain, contre laquelle il peut revenir, parce qu'il n'est point de prescription qu'on puisse opposer à l'utilité publique.

Vous faites ensuite l'énumération des sommes fournies par le Roi à la Compagnie, soit en argent, soit en contrats, & comparant ces sommes aux objets que la Compagnie avoit droit d'exiger felon vos principes, vous établiſſez à ſa charge une ſolde de trois cents ſoixante-ſeize millions.

Si vos calculs étoient fondés, ſi les principes de votre juriſprudence étoient juſtes, il ne reſteroit rien ni aux Actionnaires ni à leurs Créanciers, & l'utilité publique iroit répandre la déſolation chez un nombre infini de citoyens.

Mais l'emploi ſeul des fonds que la Compagnie a reçus du Roi, ſuffiroit pour mettre les Actionnaires à l'abri de toute recherche, puiſque nous avons déjà montré que ces fonds n'avoient été ni gouvernés par eux, ni deſtinés à leur utilité particulière.

Mais comment une telle réclamation pourroit-elle être poſſible, quand il n'eſt aucun des objets reçus par la Compagnie qui ne ſoit appuyé ſur les titres les plus reſpectables qu'on connoiſſe en France, des loix émanées du Trône & enregiſtrées au Parlement. Je m'écarterois ſûrement du reſpect que je dois à la juſtice du Souverain, & à la ſageſſe de ſes Conſeils & de ſes Cours, ſi j'entreprenois de juſtifier des droits conſacrés par ces circonſtances ; mais on me pardonnera ſans doute de parcourir les objections par leſquelles vous eſſayez de les affoiblir.

Le débit de la Compagnie des Indes à l'égard du Roi, tel que vous le formez dans votre Mémoire, eſt compoſé de quatre objets principaux :

1.° Ce que la Compagnie a reçue de la ferme du tabac juſqu'en 1747 :

2.° L'augmentation de ſon contrat à cette époque :

3.° Les droits de Tonneau :

4.° La ceſſion faite par Sa Majeſté de ſes Actions & de ſes Billets d'emprunt en 1764 :

Jetons un coup d'œil rapide ſur ces quatre articles :

Voici comment vous critiquez le premier, & ce début eſt digne d'attention :

La Compagnie des Indes a retiré, dites-vous, sept à huit millions par année de la ferme du tabac depuis 1725 jufqu'en 1747.

Vous prétendez qu'elle n'a dû recevoir que deux millions cinq cents mille livres par an pour cet objet; en conféquence, vous mettez aujourd'hui à fa charge, & par forme de reftitution cent trente millions. Voici cependant fur quoi vous vous fondez; vous citez l'arrêt du Confeil qui concéda la ferme du tabac à la Compagnie, & qui fait mention *que c'eft pour lui tenir lieu de deux millions cinq cents mille livres,* phrafe que vous imprimez en lettres italiques pour fixer l'attention du Lecteur. J'ai lû cet arrêt, & j'y ai vu la phrafe que vous citez; mais immédiatement après j'en ai vu une autre que vous ne citez pas; la voici, *fans néanmoins que ladite évaluation puiffe opérer aucune garantie, recours ou autre action, tant contre le Roi, que contre ladite Compagnie en cas de plus ou de moins valeur des bénéfices dudit privilége.* Ce paragraphe eft décifif fur la queftion dont il s'agit.

Convenez que vous auriez dû le communiquer à côté de celui que vous avez cité; on auroit vu un titre formel, & l'on auroit aperçu en même-temps, qu'il étoit appuyé par l'équité; la Compagnie avoit couru le rifque de perdre, elle avoit acquis le droit de gagner, & le réfultat de cette convention auroit paru encore moins fufceptible de critique, fi vous aviez fait mention des dépenfes confidérables que la Compagnie avoit faites pour mettre cette ferme en valeur.

Voici comment Sa Majefté s'expliquoit à cet égard en 1747: *Ayant reconnu que la différence qui fe trouve entre le prix de cette ferme lors de ladite aliénation, & fon produit actuel, eft l'effet de la bonne régie que la Compagnie en a faite, & doit être attribuée aux fonds confidérables qu'elle a dépenfés pour la mettre en valeur, & qu'elle auroit pu utilement employer dans fon commerce, &c.*

Quoi qu'il

Quoi qu'il en foit, vous conviendrez, Monfieur, que votre jurifprudence eft un peu fingulière. Les pertes que la Compagnie a faites aux Indes, vous les lui laiffez en entier; les bénéfices qu'elle a faits fur la ferme du tabac, vous les retranchez; je doute qu'aucune Maifon de commerce pût défendre fon capital contre une diftribution pareille.

Les dépenfes que la Compagnie avoit faites pour l'exploitation de la Ferme du tabac, avoient engagé Sa Majefté à lui céder cette Ferme à perpétuité; mais fon produit ayant enfuite confidérablement augmenté, Sa Majefté la réunit à fes Fermes générales; & en 1747, Elle jugea à propos de la fouftraire totalement aux prétentions de la Compagnie, & ce fut pour la dédommager en partie, que fon contrat fut augmenté : cette augmentation ne fut pas proportionnée au revenu de la Ferme du tabac, qui étoit alors de vingt-un millions, mais uniquement à la fomme que la Compagnie avoit touchée jufqu'alors des Fermiers généraux, pour cet objet. On balança cependant par cette augmentation divers autres articles, & entr'autres des droits de tonneau en arrière depuis feize ans; & comme la Compagnie réclamoit en même temps différens dédommagemens, relatifs à la guerre, & difficiles à déterminer, il eft probable que le Confeil de Sa Majefté fe prêta d'autant plus volontiers aux autres moyens équitables qui lui étoient préfentés pour donner à la Compagnie la confiftance qu'il jugeoit néceffaire au bien de l'État; car l'intérêt particulier des Actionnaires n'eut aucune part directe à cette détermination, puifque leur dividende ne fut point augmenté.

Je n'ai pas befoin, je crois, de prouver que les droits de tonneau qui forment le troifième objet de recette de la Compagnie, lui étoient dûs d'une manière inconteftable : c'étoit une foible indemnité des dépenfes de fouveraineté; c'étoit en quelque manière la mife de l'État dans l'établiffement de la Compagnie;

C

& ce droit qui lui avoit été assuré dès son établissement, en 1664, a été constamment confirmé par les édits successifs qui ont été donnés sur la Compagnie des Indes.

Reste à défendre en peu de mots, la cession des Actions & des Billets d'emprunt de Sa Majesté en 1764 : elle eut lieu en compensation des dépenses de la guerre qui avoit été portée dans l'Inde, par l'ordre exprès de Sa Majesté, dont toutes les opérations économiques avoient été dirigées par un comité particulier, en sorte que pendant plusieurs années la Compagnie des Indes n'avoit été proprement que le Bureau de la guerre au département de l'Inde. Ces circonstances furent reconnues en 1764 ; & quand les Actionnaires se bornèrent à demander à Sa Majesté la cession de ses Actions & de ses Billets d'emprunt, ce ne fut point qu'ils les envisageassent comme une compensation des dépenses faites par la Compagnie, mais ils s'étoient bornés à demander à Sa Majesté l'indemnité qui pouvoit être le moins à charge au Trésor royal, & qui, selon leur combinaison, pouvoit, conjointement avec leurs autres moyens, remplir les divers objets que la sagesse du Gouvernement avoit confiés à leurs soins; savoir le payement des créanciers, la sûreté du capital des Actionnaires & l'exercice du commerce : & l'on a vu depuis, combien cette cession des Actions & des Billets d'emprunt, montant à vingt millions de contrats, estimés quinze millions d'argent, étoit peu proportionnée aux dépenses que cette guerre avoit occasionnées à la Compagnie, puisqu'indépendamment de ses revenus, consumés depuis 1756 jusqu'en 1764, elle a payé depuis cette dernière époque, autour de soixante millions de dettes, dérivant presque toutes des dépenses de la guerre.

Vous voyez cependant, Monsieur, que cette cession des Actions & des Billets d'emprunt, ne fait pas moins partie des objets que vous appelez des *dons gratuits*. En vérité, c'est se réfuter soi-même, que de pousser aussi loin ses propositions.

Le motif que vous employez pour foutenir cette dernière opinion, eft vraiment digne de remarque ; en parlant des dépenfes de la dernière guerre, vous finiffez par ces mots, *toujours pour le foutien du privilége exclufif.*

Quoi, Monfieur, c'eft pour foutenir le privilége, que Sa Majefté a porté la guerre dans l'Inde ! ce n'eft pas pour défendre fes colonies ! ce n'eft pas pour protéger le commerce & les établiffemens de la nation ! ce n'eft pas pour attaquer les ennemis de l'État, dans toutes leurs poffeffions ! Le privilége n'eft autre chofe que le moyen qui a été jugé le meilleur pour exercer le commerce & diriger les colonies de l'Inde ; mais c'eft uniquement ce commerce & ces colonies qui attirent la défenfe du Souverain, cela eft évident.

J'ai parcouru les objections que vous avez faites contre la légitimité des objets reçus par la Compagnie, il me refte à faire une obfervation fur l'époque que vous avez choifie pour fixer le titre primitif de la propriété des Actionnaires. Ce choix étoit de la plus grande importance, puifque vous vouliez leur ôter tout ce qu'ils avoient acquis depuis ce temps-là. Vous vous êtes déterminé pour l'arrêt du Confeil de 1719, qui avoit réduit à trois pour cent, l'intérêt de leur ancien contrat de cent millions ; on ne pouvoit pas en effet en choifir un qui fût plus propre à diminuer en apparence les propriétés des Actionnaires. Mais pourquoi, je vous prie, l'édit de 1764, enregiftré au Parlement, qui fixe leur fort actuel, vous paroît-il moins refpectable ! eft-ce parce que l'arrêt de 1719 eft plus ancien ! mais fur ce principe, l'édit de 1717, qui fixoit cet intérêt à quatre pour cent, méritoit la préférence ; pourquoi n'êtes-vous pas remonté jufqu'à lui ! pourquoi avez-vous enfuite tiré rapidement le voile fur ces temps malheureux de 1719 à 1720, où l'on auroit lû les titres refpectables de la propriété des Actionnaires.

C ij

Qu'il me soit permis de les rappeler ici.

Les Actionnaires avoient détourné leurs yeux depuis long-temps, de leurs anciens sacrifices; mais le système d'inquisition rétroactive que vous établissez, & plus encore le reproche que vous leur faites d'avoir été à charge aux autres citoyens, m'obligent à retracer le souvenir de leurs droits & de leurs malheurs.

Depuis 1664 jusqu'en 1717 & 1719, les diverses Compagnies de la Chine, des Indes & d'Occident, avoient fourni des fonds considérables pour ces temps-là; ces diverses Sociétés de commerce se réunirent en 1717 & 1719, & de cette réunion naquit la Compagnie qui subsiste aujourd'hui.

Pour former son capital, on créa deux cents mille Actions, à cinq cents livres, faisant cent millions, & le payement en fut fait au Trésor royal, qui fournit un contrat de pareille somme, à quatre pour cent.

En 1719, on fit une nouvelle création de cinquante mille Actions à cinq cents cinquante livres, faisant vingt-sept millions cinq cents mille livres.

En Octobre de la même année, on en créa encore cinquante mille de mille livres, faisant cinquante millions.

Au mois de février 1720, la Banque royale fut réunie à la Compagnie des Indes, & l'on fit au mois de mars de la même année, une nouvelle création de trois cents mille Actions de cinq mille livres, faisant quinze cents millions.

Il y avoit donc en tout, à cette époque, six cents mille Actions, montant à un milliar six cents soixante-dix-sept millions cinq cents mille livres de capital primitif.

L'empressement du public pour ces Actions, fut très-considérable; & si l'on considère les prix auxquels elles furent portées, on verra que cette masse d'Actions a représenté jusqu'à six milliars dans l'opinion.

La proportion entre les valeurs réelles & les valeurs numéraires, varia si fort dans ce temps-là, qu'on ne peut pas déterminer à quelle somme actuelle d'argent le capital de ces Actions doit être comparé ; mais on se fera cependant une idée de la place qu'elles occupoient dans les fortunes publiques, en observant que les déclarations qui se firent au *visa* de tous les Effets quelconques qui existoient alors, tant sur le Roi que sur la Compagnie, se montèrent à trois milliars deux cents millions, & que près du tiers de cette somme étoit formé par les Actions de la Compagnie des Indes, dont les déclarations montèrent à neuf cents millions.

Tous les autres Effets montoient, comme on le voit, à deux milliars trois cents millions; & le Roi se reconnut débiteur de dix-sept cents millions, au payement desquels il pourvut par l'établissement des rentes sur l'Hôtel-de-ville, qui subsistent encore aujourd'hui.

Quant aux Actions des Indes, quoiqu'elles eussent la liaison la plus intime avec toutes les opérations du Gouvernement, la Compagnie ayant été chargée successivement des Monnoies, de la Banque, des Fermes & des Recettes générales, elles ne furent cependant point admises au nombre des créances sur le Roi, & on leur fit un sort particulier, après avoir réduit leur nombre de six cents mille à cinquante-six mille.

Les réductions qu'essuyèrent les Actions, furent envisagées dans ce temps-là, comme très-rigoureuses; & voici comment en 1725, cinq ans après ces malheureux évènemens, Sa Majesté daigna témoigner ses regrets sur le sort des Actionnaires de la Compagnie des Indes: Je vais leur présenter un titre bien précieux & qui doit fixer toute leur attention.

Sa Majesté, après avoir retracé dans un Édit les opérations du *visa*, s'exprime de cette manière:

« Nous aurions bien voulu, comme père commun de nos sujets, qui nous sont tous égaux, admettre au nombre de nos créanciers, «

« les Actionnaires de la Compagnie des Indes, entre lesquels il y a
» beaucoup d'anciennes familles qui ont acquis des Actions à titre
» onéreux, dans le temps où les remboursemens forcés ne leur
» laissoient point d'autre emploi pour se faire un revenu; mais l'état
» de nos finances & la grande quantité des autres créances par nous
» reconnues, ne nous permettoient pas de nous charger d'un objet
» aussi considérable que l'eût été la liquidation des Actions en valeurs
» numérales, d'autant que suivant la déclaration des Actionnaires,
» elles leur tenoient lieu de neuf cents millions. »

Telles sont, Monsieur, les paroles touchantes & paternelles, dont se servoit Sa Majesté, en tournant ses regards vers le sort malheureux des Actionnaires; voilà le sentiment de justice & de bonté qui se développa dans le cœur du Roi dès les premières années de sa majorité, c'est le même qu'il a constamment montré & qui le rend si cher à ses peuples. « Nous aurions bien voulu, comme
» père commun de nos sujets qui nous sont tous égaux, admettre au nombre de nos créanciers, les Actionnaires, &c. » quelle bonté dans ces paroles! quelle justice dans ces regrets! Que l'on compare maintenant ce langage du Souverain, au système d'inquisition rétroactive que fait entrevoir un particulier, qui lui-même vit à l'abri des loix, qui leur doit la certitude de ses propriétés & jusqu'à cette liberté qu'il idolâtre.

Cependant, Monsieur, en 1725, dans le temps que Sa Majesté exprimoit ses regrets sur le sort des Actionnaires de la Compagnie des Indes, les cinquante-six mille Actions, restes du *visa*, qui existoient alors, jouissoient d'un dividende de cent cinquante livres, qu'on étoit parvenu à leur former des débris de leur ancienne fortune; ce qui faisoit pour le total de ces Actions huit millions quatre cents mille livres : Depuis ce temps-là, loin que les Actionnaires aient joui d'aucun accroissement, ce même dividende fut réduit à soixante-dix livres en 1746, & à quarante livres en

1759, & ce n'eſt que depuis 1764 qu'il a été porté à quatre-vingts livres, mais au moyen ſeulement d'un ſecours de quatre cents livres, fourni par chaque Action, la rente de celles qui ne payèrent pas cet appel, ayant été fixée à cinquante livres.

Enfin, comme vous l'avez fort bien dit, page 35 de votre Mémoire, les Actionnaires ont vu leur dividende diminué des deux tiers depuis 1725; mais vous l'aviez ſans doute oublié à la page 162, lorſque vous avancez que Sa Majeſté pourroit dire à ces mêmes Actionnaires: *vous avez mis à profit les ſecours du Gouvernement pour votre fortune particulière, vous avez gagné dans des temps plus favorables, il faut que vous ſachiez perdre aujourd'hui.*

On peut dire avec vérité qu'il n'eſt peut-être aucun droit civil plus reſpectable que celui qu'ont les Actionnaires de la Compagnie des Indes, au bien qui leur reſte.

S'il étoit permis de retourner en arrière, & de porter au tribunal de l'équité l'origine & la baſe des loix qui conſtituent la propriété des Actionnaires, loin de redouter cet examen, ils devroient le ſolliciter avec ardeur. En effet, ſans parler des fonds qu'ils ont fournis depuis 1664 juſqu'en 1717; ſans exciter la pitié par leur malheureuſe deſtinée au *viſa* de 1720, ils pourroient ſe borner à fixer l'époque de leurs droits à 1725. Nous jouiſſions alors, diroient-ils, de cent cinquante livres de dividende, & il étoit ſi peu proportionné aux fonds que les Actionnaires avoient verſés dans la Compagnie, que Sa Majeſté daigna exprimer en 1725, ſes regrets ſur leur ſort. Depuis cette époque, nous n'avons eu aucune part à la conduite de nos affaires. Dès 1723, nous n'avions plus la nomination de nos Directeurs; dès 1730, des Commiſſaires du Roi ont été introduits dans l'adminiſtration de la Compagnie, & ils y ont eu toute l'influence qui appartenoit à l'autorité. Rien n'a été conduit ni par nous, ni avec nous, ni par nos prépoſés, ni avec nos repréſentans. Nous n'avons ſu que nous étions Actionnaires de la Compagnie des Indes que par les retranchemens de nos dividendes. Nous n'avons connu, ni comment on gagnoit, ni comment on perdoit. Nous avons ouï dire que notre commerce étoit bon. Nous avons vu de beaux établissemens. On nous a communiqué des bilans avantageux, mais qui, selon ce qu'on nous apprend aujourd'hui, devoient nous égarer. Ne seroit-il pas juste qu'on nous remît où l'on nous a pris ! En se chargeant de l'administration de nos affaires sans notre consentement, n'étoit-ce pas en quelque manière répondre de l'évènement !

Voilà peut-être ce que diroient les Actionnaires s'ils pouvoient adopter un moment le système d'examen rétroactif dont vous inspirez l'idée ; mais ils seroient bien éloignés de l'approuver lors même qu'on l'auroit inventé pour leur avantage. Les dernières décisions de leur Souverain détermineront toujours leur opinion sur ce qui leur appartient, & ses dernières loix seront les seules qu'ils réclameront.

De quelque côté qu'on examine les titres de la propriété des Actionnaires, on trouvera qu'ils sont à l'abri de toutes les recherches qu'on pourroit imaginer contr'elle ; c'est ce que j'ai cru devoir établir comme Actionnaire : mais comme membre de la Société en général, je crois devoir m'arrêter un moment devant le principe que vous avez établi pour soutenir la légitimité de semblables recherches ; vous prétendez qu'*il n'est point de prescription qu'on puisse opposer à l'utilité publique :* ce principe est juste à l'égard des loix d'administration ; comme leur stabilité n'intéresse qu'en raison de leur utilité, elles doivent suivre dans leur durée les révolutions de l'opinion ; mais il n'en est pas de même des loix qui règlent les propriétés ; l'utilité publique à l'égard de ces dernières repose principalement sur la persuasion où l'on est de leur permanence ; s'il n'y avoit aucune fin au droit d'examiner

les

les titres des propriétés, cette idée répandroit une inquiétude continuelle chez tous les citoyens, elle empoisonneroit un des plus grands biens de la vie, la conscience de ce qu'on possède & la certitude d'en jouir.

La maxime *qu'il n'est point de prescription qu'on puisse opposer à l'utilité publique* dans l'application que vous en faites, devient un principe terrible, car cette utilité publique à laquelle vous voulez attribuer tant de puissance, n'aura pour interprète que des hommes ; & comme si le district de leur ignorance & de leurs passions n'étoit pas assez étendu, vous voulez encore leur soumettre à l'infini les loix de la propriété ; vous voulez qu'à cinquante & cent ans de distance des circonstances qui ont déterminé ces loix, on puisse encore les abroger, & qu'ainsi de degrés en degrés la plus parfaite ignorance soit le Juge en dernier ressort.

Quoi, Monsieur, c'est par votre passion pour la liberté en général, que vous attaquez le privilége de la Compagnie des Indes ; & vous ne craignez point d'établir des principes qui mettroient à l'infini toutes les propriétés des citoyens sous l'empire absolu d'hommes aveugles ou trompés, qui expliqueroient à leur gré les loix de l'utilité publique & les bornes de leur puissance !

Sur l'évaluation du bien des Actionnaires.

JE n'entrerai point dans l'examen des différentes réductions par lesquelles vous fixez à trente-neuf millions le bien libre de la Compagnie, au lieu de cinquante-quatre millions, résultat du travail de M.^{rs} nos Députés, que vous nous communiquez.

Il me paroît que de tels débats ne peuvent être éclaircis que par les personnes qui ont formé ces mêmes calculs que vous critiquez ; mais dans la nécessité d'adopter une opinion sur parole, j'avoue que le travail de vingt personnes choisies par une assemblée de trois cents, fixeroit plus ma confiance, que les réfultats de la méditation d'un feul homme qui auroit jugé fur des mémoires dont il ne cite point la fource, & fans y joindre le fecours de la difcuffion & de la contradiction : Il faut convenir auffi qu'en examinant quelques-unes de vos obfervations, il eſt bien difficile de ne pas s'écarter un moment du férieux qu'impofent des queſtions auffi importantes.

Vous rabattez fur les marchandifes en magafin . . 481913^l

Sur les effets d'artillerie . . . . 136000.

Et quant aux édifices de l'Orient, qui montent à plus de fix millions, vous dites que vous croyez pouvoir diminuer fur leur valeur . . . . 3351539^l

C'eſt l'exactitude de vos évaluations que j'admire; ces 539^l qui finiffent votre nombre dans un objet de quelques millions, font vraiment refpectables; on diroit qu'un génie invifible a porté pièce à pièce dans votre cabinet, tous les effets de la Compagnie, fes mâts, fes canons, fes affûts, fes cordages, & que là vous les avez pefés, mefurés, appréciés, ce qui vous a procuré les réfultats de tant de livres & tant de fous, que vous communiquez au public.

Une circonſtance cependant oblige à fe défier de la précifion arithmétique de vos obfervations, c'eſt que vous retranchez toujours & n'augmentez jamais : Je ne fuis point à portée de juger fi vous avez raifon, puifque je n'ai aucune des pièces qui pourroient m'éclairer; mais il eſt un objet dont on peut juger par la feule infpection, ce font les débets anciens & nouveaux de la Compagnie, qui montent à deux millions cinq cents mille livres, & que M.^{rs} les Députés ont mis en entier à la charge de la Compagnie, ce qui ne paroît pas fondé: on entend par débets, tous les coupons d'Actions, de Promeffes, tous les Billets & Lettres de change, en un mot tous les Effets quelconques à la charge de la Compagnie, qui sont échus, & dont on n'est pas venu recevoir le payement. Or, il est sensible que s'il se trouve pour deux millions cinq cents mille livres de pareils objets en arrière, & accumulés depuis trente & quarante ans, il y en a pour plus d'un million totalement éteints, soit par le feu ou d'autres accidens, en sorte que dans le fait la Compagnie des Indes en est déchargée.

Il est donc possible, Monsieur, que votre attention se soit fixée particulièrement sur les objets du bien des Actionnaires, qu'on pouvoit diminuer; ou peut-être réservez-vous pour un autre travail, le détail des objets susceptibles d'augmentation : quoi qu'il en soit, il est juste que nous attendions de nouveaux éclaircissemens de la part de nos Députés, avant de fixer notre opinion sur la valeur de nos propriétés.

Profits du Commerce.

JE trouve, Monsieur, que dans l'examen de cet objet, vous n'avez pas non plus montré cette impartialité qui seule conduit à l'instruction & à la vérité; vous décidez affirmativement que le commerce de la Compagnie des Indes est ruineux, & vous donnez pour preuve le récit de ses bilans depuis 1725; certainement s'il n'est point d'autre moyen d'éclaircir cette question, il n'étoit pas nécessaire que vous en prissiez la peine; vous devez croire que des Actionnaires qui ont vu leur dividende réduit à moitié, puis au quart, se sont doutés qu'ils avoient perdu, & l'on a peine à comprendre comment vous avez présumé venir leur annoncer une vérité nouvelle.

Mais voici les circonstances sur lesquelles vous auriez pu & vous auriez dû peut-être les éclairer, en leur présentant leurs anciens bilans & fixant leurs yeux sur leurs pertes, n'eût-il pas été raisonnable de leur faire apercevoir que le commerce avoit toujours

D ij

donné du profit, mais que les pertes étoient dérivées de dépenses de guerre & de souveraineté; vous auriez ensuite examiné si ces dernières dépenses étoient inséparables du privilége, & vous auriez reconnu que le privilége exclusif avoit été accordé par des motifs d'utilité pour l'État; vous auriez vu que lorsque l'exercice de la souveraineté fut confié à la Compagnie, ce ne fut point pour décharger le Trésor royal de ses dépenses, & vous auriez senti en effet que l'attribution des plus beaux droits du Trône, ne pouvoit jamais avoir eu lieu par économie; vous auriez enfin été confirmé dans cette opinion, en observant les efforts & les divers sacrifices que fit Louis XIV pour établir cette Compagnie.

La réunion de la souveraineté au privilége de la Compagnie, avoit été envisagée comme indispensable lors de son établissement, il falloit en quelque manière conquérir avant de négocier; lorsque les Colonies furent formées, les traités avec les Princes d'Asie, & différentes circonstances locales ont engagé à maintenir cette réunion, & l'on voit qu'aujourd'hui même, en ôtant à la Compagnie des Indes son privilége, on desire que l'exercice de la souveraineté reste entre ses mains, ou du moins demeure attachée à son ombre.

Ces diverses considérations vous auroient vraisemblablement démontré, Monsieur, que l'obligation de payer toutes les dépenses de souveraineté dans l'Inde, n'étoit pas liée inséparablement à son exercice.

Si vous aviez appris ensuite que la plus grande partie de ces dépenses, comme celles des troupes & des fortifications, quoique payées jusqu'à présent par le commerce, n'étoient cependant déterminées ni par les Actionnaires ni par leurs Administrateurs, vous auriez trouvé sans doute que, sans préjudice pour l'État, & sans troubler en rien l'administration générale, on pouvoit fixer ces dépenses, les distribuer ensuite & proportionner au bénéfice apparent du commerce, la part qu'on laisseroit à la charge de la Compagnie. Arrivé une fois à trouver juste un semblable arrangement, vous auriez saisi le moyen le plus efficace d'arrêter la source des pertes passées de la Compagnie.

Si vous aviez ensuite fixé votre attention sur la nature de l'Action & sur l'ancien régime d'administration, depuis 1725 jusqu'en 1764, renouvelé par les Lettres patentes de juin 1768, vous auriez vu que ces circonstances, en étouffant l'esprit de propriété ou en le rendant inutile, privoient la société des Actionnaires du plus grand ressort qu'on connoisse dans les affaires d'intérêt.

La nature de l'Action, c'est-à-dire sa forme d'Effet payable au porteur, en cachant continuellement son propriétaire, ou du moins en ne donnant aucun moyen de le reconnoître, n'a jamais permis aux Actionnaires de contribuer par leur surveillance & leurs conseils, au bien de leur Société ; une fois sortis de l'assemblée générale qui se tenoit chaque année, ils ne pouvoient être reconnus ni par conséquent écoutés ; & dans ces assemblées mêmes, l'avis d'un simple porteur d'Action ne pouvant pas être distingué de celui d'un véritable propriétaire, le vœu de la propriété ne peut jamais être connu avec certitude.

La facilité avec laquelle on pouvoit emprunter des Actions, ne permettoit pas non plus de s'assurer de la propriété des Administrateurs ; & enfin le régime d'administration qui soumettoit la conduite de la Compagnie à un Commissaire du Roi, s'opposoit à l'esprit d'économie, ou du moins ne l'entretenoit pas, parce que l'homme qui représente le Gouvernement n'a aucun motif pressant pour veiller sur une économie qui dans plusieurs circonstances est moins importante pour l'État que pour la propriété des Actionnaires.

Un coup d'œil fur ces diverfes confidérations qui mériteroient d'être développées davantage, vous auroit engagé fans doute à examiner fi elles ne pouvoient pas être changées, & vous auriez appris qu'on avoit fouvent propofé des moyens pour affurer l'efprit de propriété chez les Actionnaires & leurs Adminiftrateurs, par des arrangemens agréables aux uns & aux autres.

Cet efprit de propriété une fois fuppofé, au lieu de réduire le profit fur les marchandifes exportées de France, vous auriez aperçu qu'il pouvoit être augmenté ; au lieu d'ajouter aux dépenfes d'armement, vous auriez préfumé qu'elles pouvoient être diminuées ; vous auriez examiné enfin, quels abus fe commettoient encore, & par les pacotilles & par la contrebande, & vous auriez attendu de l'efprit de propriété une arme de plus pour les combattre.

En jetant un coup d'œil fur les différentes économies qui avoient été établies depuis 1764, jufqu'à la fin de juin 1768, pendant la durée d'une adminiftration, qui avoit confervé quelque liaifon avec fes Actionnaires, & dans des temps où mille objets épineux détournoient l'attention du commerce, vous vous feriez fait une idée de ce qu'on auroit pu attendre d'Adminiftrateurs & d'Actionnaires, excités & réunis par l'efprit de propriété.

En continuant enfin à promener votre réflexion fur diverfes circonftances relatives à la Compagnie des Indes, vous auriez fûrement aperçu divers moyens d'amélioration, dans le détail defquels je crois inutile d'entrer. J'ai penfé cependant qu'il étoit à propos de vous faire obferver, Monfieur, qu'en ne difcutant que les calculs que vous nous communiquez, vous n'avez pas fait le tour de l'objet que vous vouliez confidérer.

J'ai trouvé auffi que le tableau du profit d'une expédition, formé par M.^{rs} nos Députés, n'est pas présenté dans votre Mémoire d'une manière à en donner, au premier aspect, une juste idée.

Sous une somme de . . . . 28445000^l
Vous mettez bénéfice . . . . 1760000.

Je doute que beaucoup de gens aient aperçu que ce tableau présentoit un placement d'argent à onze & demi pour cent par an, & c'est cependant la vérité.

Le profit ci-dessus . . . . 1760000^l
L'intérêt de six pour cent par an, passé en dépense . . . 2640000.
Bénéfice de moitié sur l'assurance qu'on passe à six pour cent ; l'expérience ayant montré que la totalité des risques n'a pas coûté trois pour cent à la Compagnie . . . . 600000.

En tout . . . . 5000000^l

Qui comparés à vingt-deux millions, somme déboursée, font près de vingt-trois pour cent pour deux ans, & onze & demi pour cent pour un an.

Il me paroît aussi, Monsieur, qu'en donnant la connoissance des bénéfices éprouvés sur les marchandises de l'Inde qui ont composé les dernières ventes, vous auriez dû faire mention d'une circonstance dont j'ai ouï parler ; c'est qu'il y avoit une différence considérable entre le bénéfice sur les marchandises achetées comptant, & celui qu'on s'étoit procuré sur la partie de ces mêmes marchandises pour lesquelles on avoit fourni des avances ; & comme c'est pour parvenir à cette manière d'acheter, qu'on exige aujourd'hui les fonds qui font partie des besoins que vous avez indiqués, il étoit parfaitement raisonnable de lier ces deux idées ensemble.

Il est enfin une circonstance sur laquelle vous donnez une notion erronée. Vous citez une lettre du Bengale, qui annonce que la Compagnie court risque de perdre un million sur les remises qu'elle a faites en Lettres de change ; j'avois sur cela des connoissances différentes, ce qui m'a donné la curiosité de m'éclaircir à cet égard, & j'ai su que la personne qui a écrit la lettre que vous citez, ignoroit alors deux faits que vous pouviez savoir.

Elle croyoit que ces Lettres de change seroient payées en nouvelles monnoies d'or, qui différoient de huit pour cent de la monnoie d'argent qu'on s'étoit engagé à fournir; & comme elle présumoit en même temps, que la Compagnie les avoit payées comptant, elle craignoit qu'elle n'eût de la peine à se faire rendre justice.

Mais on savoit par l'Angleterre, quand vous avez imprimé votre Mémoire, que ces Lettres avoient été payées en argent, & on savoit de tout temps, que ces mêmes Lettres de change, bien-loin d'avoir été payées comptant, n'étoient payables que quatre ou douze mois après l'avis du payement en Asie, ce qui auroit mis la Compagnie en état de se procurer par elle-même un dédommagement que les tireurs des Lettres ne lui auroient pas contesté; & l'on savoit enfin qu'elles étoient de douze pour cent plus avantageuses à la Compagnie, que des envois aux Indes en espèces, supposé que deux années de crédit soient égales à douze pour cent pour elle: ainsi bien-loin que ces Lettres de change aient mis la Compagnie en danger de perdre un million, elles lui ont procuré un bénéfice de sept à huit cents mille livres.

Vous voyez, Monsieur, comment vous induisez en erreur sur un objet important. Je ne le savois pas, direz-vous, sans doute; je le crois, & je ne vous reproche que d'avoir évité de causer & de discuter avec les personnes qui pouvoient du moins ajouter à vos lumières la connoissance de quelques faits. Vous vous annoncez pour proclamer la vérité, & vous avez négligé les précautions nécessaires pour la reconnoître.

Il est enfin une dernière circonstance que je dois mettre sous vos yeux, d'autant plus qu'elle a fixé l'attention de tout le monde.

Vous

Vous avez choisi trois époques différentes pour préfenter les bilans de la Compagnie depuis 1725, & vous avez fini par comparer celui de 1756 avec celui de 1769, ce qui vous a procuré l'apparence d'une perte de foixante-onze millions; mais quelle reffemblance avez-vous trouvée entre les opérations de commerce depuis 1764 jufqu'à ce jour, & les opérations de guerre depuis 1756 jufqu'en 1764! En joignant ces deux époques enfemble, n'étoit-ce pas ôter le moyen de bien juger de l'une & de l'autre! n'étoit-ce pas enfin éviter de rendre compte du bénéfice que les Députés des Actionnaires ont reconnu qu'il y avoit eu depuis 1764! Cette époque étoit marquée par toutes ces circonftances; elle étoit d'ailleurs la plus propre à éclairer, puifque la connoiffance du préfent inftruit encore mieux que les récits du paffé : il falloit donc préfenter feule l'époque depuis 1764; il falloit fur-tout ne la pas cacher dans les dépenfes de la dernière guerre; ou du moins deviez-vous éclairer à cet égard, par une obfervation, afin que le Public en voyant en 1769, foixante-onze millions de perte depuis 1756, n'en attribuât pas les cinq treizièmes aux opérations faites depuis 1764, tandis que nos Députés ont annoncé que le bénéfice depuis cette époque paroiffoit être de onze millions; circonftance que vous n'avez point conteftée, quoique vous ayez dit dans un endroit de votre Mémoire, que les Actionnaires prévoyoient dès 1764, que leurs fonds feroient bientôt confumés.

Vous allez plus loin encore; vous faites mention de l'arrangement qui fut pris en 1764, pour affurer une rente de quatre-vingts livres aux Actionnaires à l'abri des hafards du commerce, & vous ajoutez que les Actionnaires prirent ce parti malgré les belles efpérances dont on les flattoit.

Cette dernière phrafe ne peut regarder que leurs Députés dont quelques-uns font devenus enfuite Adminiftrateurs de la Com-

E

pagnie ; mais le premier homme ami de la vérité, que vous auriez rencontré, vous auroit appris que ce ne furent point les Actionnaires qui eurent l'idée de l'arrangement pris en 1764, pour leur sûreté, il leur fut indiqué par leurs Députés qui leur en firent sentir l'importance, qui les y excitèrent avec chaleur, & qui sollicitèrent ensuite avec zèle, en leur nom, l'approbation du Gouvernement.

Je ne suis pas surpris, Monsieur, que vous ignoriez toutes ces circonstances, mais je m'étonne que vous inspiriez des idées contraires.

On peut se négliger dans les jugemens qu'on porte sur les choses, mais ce qui tient aux hommes exige plus de soin.

Sur la possibilité d'emprunter.

S'IL étoit, comme vous dites, Monsieur, d'une impossibilité démontrée, de trouver les fonds nécessaires pour continuer le commerce, ç'auroit été une grande illusion de la part des Actionnaires, d'avoir autorisé leurs Députés à en chercher les moyens, & c'est uniquement pour les défendre d'une apparence de ridicule, que je vais faire apercevoir que votre décision à cet égard ne doit pas être envisagée comme un arrêt irrévocable.

D'abord je dois faire observer que lorsque les Actionnaires s'occupèrent dans leurs dernières assemblées, de la continuation du commerce, ils posèrent pour première base que le Gouvernement envisageoit toujours la Compagnie des Indes comme un établissement utile à l'État, c'est-à-dire, comme le meilleur moyen connu d'exercer le commerce des Indes.

Ce principe entraînoit, comme on le voit, une assurance certaine de la protection de Sa Majesté ; mais les Actionnaires n'avoient point dessein de la réclamer pour des objets injustes & déraisonnables, & c'est à tort que vous donnez le nom de *demande* au rapport que nos Adminiſtrateurs & nos Députés n'ont pu ſe diſpenſer de faire des projets qu'on leur avoit communiqués.

Quoi qu'il en ſoit, Monſieur, ſoyez perſuadé que les Actionnaires aſſemblés, n'auroient jamais formé les réquiſitions dont vous parlez, ils n'auroient jamais ſollicité ce qui ne leur étoit pas dû ; les ſacrifices que le tréſor du Prince peut faire pour un établiſſement, devant être calculés ſur le bien de l'État, c'eſt au Gouvernement ſeul qu'il appartient de les déterminer.

Les Actionnaires auroient également rejeté la propoſition de demander au Roi, de s'aſſocier au commerce en achetant trois mille Actions; car il ne ſeroit pas venu dans leur penſée que ſa qualité d'Actionnaire pût rien ajouter à ſa protection royale & paternelle, ni qu'une pareille aſſociation fût un garant de ſon amour, tandis que l'intérêt particulier eſt un mot qu'il ne peut entendre.

Les Actionnaires, loin de former de pareilles demandes, ni aucune autre qui pût être onéreuſe au Tréſor royal, ſe ſeroient bornés à prier Sa Majeſté de vouloir bien faire en faveur de la manière d'exercer le commerce des Indes qu'Elle auroit eſtimée la meilleure, ce qu'Elle ſeroit dans la néceſſité de faire en faveur de celle qui lui auroit paru la moins bonne.

Ainſi, ſi par la deſtruction de la Compagnie des Indes, le Gouvernement eſt obligé de ſuppléer en entier aux dépenſes de ſouveraineté dans les Indes, la Compagnie n'auroit porté aucun préjudice au Tréſor royal, en demandant que la partie de ces dépenſes qui doit être à la charge des Actionnaires, fût fixée & proportionnée au bénéfice apparent de leur commerce.

Dans le cas de la deſtruction de la Compagnie des Indes, les particuliers qui feront le commerce, le dirigeront eux-mêmes ou par leurs prépoſés ; ainſi l'État n'eût donc rien perdu, en permettant également que dans la Compagnie des Indes, le foin de la propriété fût remis au propriétaire, & en confentant aux mefures qu'on auroit pu prendre pour prévenir déformais toute incertitude fur la vérité des titres de poffeffion.

A l'aide de ces arrangemens, qui auroient augmenté la confiance publique, & fur-tout à l'afpect d'une protection marquée de la part du Gouvernement, pourquoi la Compagnie n'auroit-elle pas trouvé les trente-trois millions qui lui font encore néceffaires dans le cours de deux années? Pourquoi une Compagnie compofée de trente-fept mille Actions, & qui n'eft autre chofe qu'un très-grand nombre de particuliers réunis enfemble; pourquoi, dis-je, une telle Compagnie, qui jouit d'un privilége exclufif, qui a des établiffemens tout faits, un commerce en Action, une ancienne renommée, un bien de cinquante millions, ne trouveroit-elle pas les fonds que vous attendez fans défiance de particuliers difperfés, qui vont entreprendre ce commerce, & parmi lefquels il en eft plufieurs qui chercheront eux-mêmes les fonds qui leur feront néceffaires, fans offrir peut-être d'autre caution que la fortune de ce même commerce!

Pourquoi ne leur demandez-vous pas auffi, où font vos fûretés? où eft l'hypothèque que vous préfentez? Vous allez jufqu'à prétendre que tout Emprunt, fans cette dernière claufe, eft une injuftice; mais où prenez-vous qu'une hypothèque foit une condition inféparable de tout Emprunt? pourquoi n'en demande-t-on point à ce Négociant, qui n'a peut-être qu'un million de bien, & à qui on en confie vingt? c'eft qu'on le croit fage, c'eft qu'on connoît la nature de fes affaires. Pourquoi n'eft-il jamais entré dans l'efprit que la Compagnie pût trouver des fonds fans hypothèque? c'eft qu'on l'a toujours confidérée comme une Compagnie gouvernée par l'autorité, dont on ne pouvoit ni connoître la fituation, ni fuivre les évènemens, où toute communication étoit fermée entre le créancier & le débiteur, & entre l'Actionnaire & son coassocié; ces circonstances obligeoient nécessairement à demander une base de confiance extérieure & visible, telle qu'étoit un contrat sur le Roi: Mais si de véritables propriétaires géroient une Compagnie de commerce, s'ils étoient à portée de suivre continuellement les variations qui pourroient survenir dans l'utilité de ses opérations, & s'il leur étoit permis d'augmenter ou de diminuer leurs fonds en conséquence; doutez-vous que leur confiance & celle du public, ne fussent extrêmement augmentées ! croyez-vous qu'alors cinquante millions de premier fonds, ne pourroit pas mériter un crédit de trente ou quarante. L'argent a besoin de l'emprunteur, comme l'emprunteur cherche l'argent; il n'est question que d'établir entre eux des rapports convenables, & l'on ne peut pas déterminer quelles seroient les bornes de la confiance, dans une Compagnie dont les affaires seroient connues de tous les intéressés, & où tout se traiteroit franchement & ouvertement; c'est cette facilité de connoître l'emploi de son bien qui arrête les inquiétudes de l'imagination: c'est cette publicité enfin qui rapproche les distances, & qui attire l'argent des pays les plus éloignés.

C'étoit une administration à peu près fondée sur ces principes, qu'on avoit voulu former en 1764; mais comme on avoit été forcé par différentes circonstances à ne rien changer dans la nature de l'Action, & à lui assurer une rente fixe, l'esprit de propriété, ni le lien nécessaire entre les Actionnaires & les Administrateurs n'étoient point établis. Cependant quelle confiance la Compagnie des Indes n'avoit-elle pas obtenue, par une suite de sa constitution, depuis 1764 jusqu'en Juin 1768; époque à laquelle son régime d'administration a été totalement changé ! quel crédit considérable n'avoit-elle pas acquis à l'issue d'une guerre malheureuse, qui avoit détruit tous ses établissemens, & qui ne lui avoit laissé que des dettes immenses à liquider ! Le dernier Emprunt qu'a fait la Compagnie fous les loix du régime de 1764, fut la Loterie du mois de juillet 1767, dont le capital étoit remboursable en cinq années, sans aucune assignation d'hypothèque, & dont l'intérêt ne fut calculé qu'à cinq & demi pour cent.

Il fut cependant rempli rapidement, quoique dans le même temps divers Effets publics ayant une hypothèque, présentassent un intérêt de sept & de sept & demi pour cent; c'étoit cet Emprunt, Monsieur, qu'il auroit fallu citer, ou du moins en ne citant que le dernier, vous n'auriez dû imputer son gros intérêt qu'à des circonstances étrangères à l'essence de la Compagnie; vous auriez dû faire apercevoir que les Actionnaires furent appelés à délibérer sur cet Emprunt, peu de jours avant l'échéance d'engagemens considérables de leur Caissier, pour lesquels il n'y avoit aucuns fonds de préparés; cette situation & les opérations forcées dont elle avoit été précédée, avoient répandu une défiance si grande & si générale, que le succès d'un Emprunt devenoit presqu'impossible, & l'on doit à la forme que les Actionnaires adoptèrent, le secours qui fut trouvé au moment précisément où il étoit indispensable, secours qui préserva la Compagnie d'une catastrophe dont les éclats ne peuvent être calculés; voilà, Monsieur, ce que votre esprit de justice ne devoit point oublier.

Au reste, cet Emprunt dont vous énoncez l'intérêt à dix pour cent par an, n'étoit qu'à sept trois quarts, puisque onze millions cent mille livres, capital de l'Emprunt, ont coûté sept cents onze mille six cents soixante-dix livres, montant des lots, faisant six trois huitièmes pour cent, qui, applicables à dix mois de jouissance d'argent, du 7 avril au 7 février, terme moyen du payement, établissent l'intérêt pour un an à sept trois quarts pour cent: La faculté accordée par la Compagnie, de donner ces Billets de loterie en payement de sa vente, n'est point une charge pour elle; 1.° parce qu'elle est la maîtresse de fixer le payement des marchandifes de fa vente, à la même époque à laquelle elle doit rembourfer fes Billets à Paris; 2.° parce qu'une facilité accordée aux acheteurs dans les ventes de la Compagnie, eft prefque toujours un bénéfice qu'ils lui rendent, par le plus haut prix auquel ils achettent la marchandife.

J'ai fait apercevoir qu'il n'étoit pas impoffible qu'une Compagnie de commerce trouvât de l'argent fans hypothèque, mais je ne conviens pas avec vous, Monfieur, que la Compagnie foit dans l'impuiffance abfolue d'en préfenter une; elle ne pourroit pas affurer à des prêteurs une hypothèque pleine fur le contrat de Sa Majefté; mais il n'eft pas moins vrai qu'elle pourroit en donner une qui s'augmenteroit annuellement, au moyen des trois millions de rentes viagères, dont le contrat eft grévé, & qui libèreront un jour un capital de foixante millions au profit de la Compagnie; êtes-vous fûr, Monfieur que l'expectative de ces rentes, le bas prix des Effets fur le Roi, & un revenu de commerce rendu plus certain, n'euffent pas donné lieu à différentes combinaifons & à des modifications de toute efpèce, qui auroient pu convenir aux prêteurs & aux Actionnaires! êtes-vous fûr enfin, Monfieur, de n'avoir pas donné le nom de fubtilité financière à des arrangemens que vous n'entendiez pas!

Les Emprunts des Actionnaires depuis 1764, vous donnoient-ils le droit de condamner leurs plans fans les connoître! Avez-vous obfervé qu'il n'eft aucun de ces Emprunts qui n'ait eu le fuccès le plus rapide, en même temps qu'ils n'ont laiffé aucun bénéfice aux fpéculateurs, l'Effet acheté n'ayant prefque jamais valu fur la place au-delà du prix coûtant! Avez-vous pris garde que la réunion de ces circonftances eft affez rare dans les Emprunts publics, en même temps cependant qu'elle eft le point précis vers lequel on doit tendre.

Vous faites envifager tout Emprunt de la Compagnie dans ces

circonstances, comme un inconvénient pour la finance, parce qu'il détourneroit l'argent des autres Emprunts ; vous ferez peut-être étonné que je combatte jusqu'à cette opinion, quoiqu'elle paroisse très-juste au premier aspect.

Quand l'argent est en activité & cherche des emplois en finance, deux Emprunts qui offrent à la fois à cet argent deux débouchés différens, se contrarient nécessairement; mais lorsque la circulation est languissante, lorsque l'argent est plutôt resserré que rare, lorsqu'une défiance, sans doute mal fondée, l'écarte des objets de finance, tout Emprunt qui ramène vers ce genre d'emplois, qui contribue à faire sortir l'argent renfermé, & qui par son succès enfin donne en quelque manière le signal de la confiance; un tel Emprunt, dis-je, bien loin de contrarier un Emprunt ouvert qui languit, le seconde peut-être, soit pour le moment présent, soit pour celui qui va suivre.

Au reste, si le commerce des Indes est exercé par des particuliers, l'argent qu'on y appliquera, fera nécessairement un vide quelque part ; s'il est fourni par les Négocians de nos ports, il sera écarté d'autres branches de commerce peut-être également utiles; si, comme il est plus vraisemblable, il est fourni par les capitalistes de Paris, sur le rapport de quelques bons faiseurs de projets, & par la douce société de l'esprit des uns avec l'argent des autres, alors ces fonds seront écartés peut-être des objets de finance; on ne peut donc pas envisager tout emprunt de la Compagnie comme un inconvénient pour l'État, dès que le besoin n'est point changé, & ce besoin lui-même, s'il dérive d'emplois utiles, il n'est pas un mal.

C'est de vous, Monsieur, que les Actionnaires apprennent que le Gouvernement ne pourra payer qu'en contrats ce qu'il doit à la Compagnie ; si votre avis est juste, il en résultera sans doute

doute une augmentation de besoin pour elle, & voici l'observation qui se présente à mon esprit à ce sujet.

Si l'établissement de la Compagnie des Indes paroît important à l'État, il est naturel de présumer que le Gouvernement s'acquittera envers elle de ce qu'il lui doit, de la manière sans doute qui conviendra le mieux au Trésor royal, mais en même temps il veillera dans sa justice aux moyens d'éviter une perte sensible à la Compagnie; & j'ajouterai que les Actionnaires n'ont jamais imaginé de pouvoir continuer le commerce sans un concours de la part du Gouvernement, proportionné du moins aux droits légitimes & reconnus de la Compagnie; ils n'ont jamais prétendu surmonter toutes les difficultés qu'on pouvoit leur opposer, mais ils ont pu sans imprudence n'être point abattus par celles qu'ils apercevoient, ils se souvenoient qu'ils avoient franchi de plus grands obstacles.

En 1764, la Compagnie étoit sans argent, sans marchandises, sans effets exigibles: les Actionnaires entreprirent de la rétablir; ils virent sans s'étonner, soixante millions de dettes à liquider, des établissemens détruits à relever, des magasins à remplir, des vaisseaux à construire, un crédit à former, & un commerce à reprendre, qui pouvoit employer cinquante millions; rien ne les effraya, ils osèrent & ils réussirent.

La protection de Sa Majesté, l'opinion que cet ancien établissement lui étoit cher, & cette flamme généreuse avec laquelle la nation Françoise se porte vers tout ce qui est grand & difficile, leur fit entreprendre cet ouvrage, & il étoit déjà bien avancé, lorsque des hommes froids & timides crioient encore à la témérité & à la chimère. La fortune secondant les efforts des Actionnaires, dans trois ou quatre années les Vaisseaux ont été construits, les magasins ont été garnis, les établissemens détruits ont été relevés, les dettes ont été liquidées, & le commerce a été élevé au plus haut période auquel il ait jamais été porté dans les temps de la plus grande splendeur de la Compagnie. Qui l'eût dit que ce seroit après avoir surmonté toutes ces difficultés, que la Compagnie se trouveroit dans le plus grand danger ! qui l'eût dit qu'on regretteroit jusqu'à des momens employés à rétablir un commerce de cette importance, & à assurer la fortune d'un nombre infini de citoyens !

Sur la liberté du Commerce.

LA question de la liberté du commerce n'intéresse point la fortune des Actionnaires. Quand ils ont cherché les moyens d'exercer le privilége de la Compagnie, ils l'ont fait avec la persuasion que le Gouvernement continuoit à envisager cette manière de suivre le commerce des Indes, comme la plus utile à l'État ; ils espéroient obtenir par leurs efforts, de nouveaux droits à la protection de Sa Majesté ; & ils s'expliquèrent à cet égard, de la manière la plus précise dans leurs dernières assemblées. Je ne comprends pas comment vous avez pu confondre un vœu aussi raisonnable avec l'idée ridicule de continuer le commerce par patriotisme & contre son propre intérêt. J'ai assisté à toutes les assemblées des Actionnaires, & je n'ai jamais entendu rien de pareil. Vous voyez donc, Monsieur, qu'en répondant fort au long à de pareilles suppositions, vous combattez des fantômes.

Les Actionnaires, bien loin de se parer d'une vertu fausse ou romanesque, ont apporté la plus grande attention à concilier leur sûreté avec les efforts qu'ils pourroient faire pour le commerce : bien avant votre conseil, ils avoient refusé de renoncer à leur hypothèque de quatre-vingts livres ; & ils seroient vraiment touchés de votre attention à leurs intérêts, si cette tendre affection s'étoit soutenue dans tout le cours de votre Mémoire ; mais je vous ai fait apercevoir quelques légères distractions.

Les Actionnaires n'ont jamais eu l'ineptie de vouloir sacrifier leur fortune à l'exercice de leur privilége; à cette condition, sans doute, ils y auroient renoncé, comme ils le feront également avec empressement, du moment qu'il cessera d'être intéressant aux yeux du Gouvernement, seul vrai juge du bien de l'État : ainsi c'est uniquement pour continuer à défendre les Actionnaires, du reproche que vous leur faites d'avoir joui de prérogatives onéreuses à la nation, que je vais examiner les principaux raisonnemens que vous employez pour prouver que le commerce des particuliers procurera & auroit procuré à l'État un bénéfice plus considérable que la Compagnie des Indes.

Vous commencez par avertir que vous avez sous vos yeux les argumens les plus formidables qu'on puisse faire en faveur du privilége exclusif, & vous ne répondez souvent qu'à des observations très-futiles.

Toutes les objections que vous discutez roulent sur les obstacles qu'essuiera le commerce particulier. On a toujours beaucoup d'avantage lorsqu'on se borne à montrer possible ce que d'autres trop légèrement ont prétendu ne l'être point.

Les interlocuteurs que vous avez introduits dans votre Mémoire, vont trop loin à quelques égards & vous ont très-bien servi. La plupart de leurs raisonnemens tiennent à une opinion qui peut n'être pas juste : c'est que ce commerce sera suivi par les particuliers de la même manière que l'exerce aujourd'hui la Compagnie, au lieu qu'il n'est point impossible que des Maisons de commerce se forment avec le temps, soit aux Indes, soit à l'île de France, & rendent ces opérations plus faciles; mais combien ne pourroit-il pas arriver de circonstances & d'évènemens qui traverseroient des arrangemens dont vous convenez vous-mêmes que l'effet est encore éloigné !

Mais enfin, il ne suffisoit pas de prouver que le commerce de la Compagnie des Indes pourra être exercé par des particuliers, il faut encore démontrer qu'ils le feront d'une manière plus utile à l'État, & c'est sur ce point que je trouve qu'il y a un vice continuel dans vos raisonnemens; je vais examiner les principaux.

Quand on vous oppose les obstacles que le commerce particulier peut essuyer, quand on vous parle de la hausse aux prix d'achat que la concurrence doit produire, vous répondez que les particuliers qui seront affranchis des dépenses de souveraineté, pourront gagner trente à quarante pour cent de moins que la Compagnie, & se tirer d'affaire, & qu'ils emploieront ces trente à quarante pour cent, à surmonter les obstacles, & à payer, s'il le faut, plus chèrement les marchandises de l'Inde.

Cette réponse à laquelle vous revenez sans cesse, résoudroit en effet la plupart des objections qu'on fait contre le commerce particulier, si elle n'avoit pas un vice radical qu'il est nécessaire de développer.

Les particuliers pourront sacrifier dans les Indes trente à quarante pour cent de plus que la Compagnie, & faire également le commerce, cela est possible; mais les inductions qu'on peut tirer de ce principe, loin d'être favorables au commerce particulier, sont un argument contre lui.

Est-ce la somme des achats dans l'Inde qui suffit à l'État ? N'est-ce pas leur utilité qui l'intéresse ?

La décharge des dépenses de souveraineté & l'augmentation d'économie, suite naturelle d'un esprit de propriété plus vigilant, permettront sans doute aux particuliers de gagner encore en achetant plus cher dans les Indes; mais n'est-il pas clair que l'État perdra tout ce qu'ils payeront aux Indiens au-delà des prix établis jusqu'à présent ?

La Compagnie qui a senti de tout temps la nécessité de chercher dans les bénéfices du commerce, un dédommagement des dépenses ordinaires de souveraineté, s'est appliquée constamment à fixer les prix d'achat des manufactures de l'Inde au plus bas prix possible, c'est-à-dire, au point précisément qui pouvoit suffire pour procurer au Fabriquant le nécessaire le plus étroit, & ce nécessaire se réduit à très-peu de chose dans un pays où le peuple ne vit que de riz, & où la chaleur du climat ne permet de faire aucune dépense en vêtement, en sorte que les Ouvriers de l'Inde, employés par la Compagnie, ne gagnent par jour qu'environ trois sous de France.

La Compagnie, en fixant de cette manière les prix d'achat dans l'Inde, a rempli l'objet le plus intéressant pour l'État, puisque acheter à bon marché les marchandises des Étrangers, & leur vendre chèrement les nôtres, voilà le profit national. Que les bénéfices de la Compagnie aient ensuite diminué par des dépenses de souveraineté & par des défauts d'économie, ce n'est pas à l'État à lui en faire des reproches : Les dépenses de souveraineté qu'elle a supportées, prouveront qu'elle a soulagé le tréfor du Prince, & ses défauts d'économie indiqueront que le cultivateur, le manufacturier & le négociant, ont été les véritables associés à ses profits, & non ses Actionnaires.

Vous avez cependant présenté par-tout le raisonnement que je viens de combattre; si l'on vous allègue que les Nations étrangères verront avec peine la liberté du commerce, vous en triomphez, & vous dites : rien ne prouve mieux l'avantage de la liberté; tandis que vous auriez pu apercevoir que c'est bien moins cette liberté qui peut exciter leur attention, que la séparation des dépenses de souveraineté, de l'exercice du commerce, circonstance qui devient une espèce de prime de faveur, donnée par le Gouvernement au commerce des Indes, & qui dérange les rapports établis entre les opérations des Compagnies européennes.

Les expéditions faites pour Lisbonne par des François établis au Bengale, n'apportent aucune lumière fur la vérité que nous cherchons; elles ne font pas même une preuve certaine de l'utilité future du commerce particulier, puifque le bénéfice qu'on a pu efpérer dans la vente d'une ou deux cargaifons, lorfqu'on n'avoit à craindre d'autre concurrence que celle des Compagnies européennes, qui font dans la néceffité de foutenir les prix, peut difparoître, lorfqu'on aura pour concurrens des particuliers dont les combinaifons feront abfolument différentes.

Vous n'indiquez rien non plus, lorfqu'en parlant des fonds que les particuliers Anglois ont fait revenir des Indes, par la Compagnie, vous ajoutez qu'ils traiteront à l'avenir pour des objets femblables avec les Négocians particuliers; je le crois auffi, fi nulle difficulté nouvelle ne s'y oppofe : mais au lieu que la Compagnie profitant de leur rivalité, leur faifoit la loi, & gagnoit avec leurs propres capitaux le montant de fes frais d'armement, celui des dépenfes de fouveraineté & d'adminiftration, & trouvoit encore un bénéfice au-delà de tous ces avantages; ces mêmes particuliers Anglois reprenant toute la puiffance qui appartient aux bailleurs de fonds, ne nous laifferont bientôt que le bénéfice du fret, & nous aurons changé un commerce actif, contre un commerce d'économie, qui ne dédommagera plus l'État des dépenfes confidérables que les colonies de l'Inde occafionneront; dépenfes que la fageffe du Gouvernement l'invitera peut-être à augmenter encore, fi, comme vous l'indiquez, on fait d'une Ifle à quatre mille lieues de la métropole, le centre des richeffes d'un commerce confidérable.

Je fais bien que, felon votre fyftème, perfonne ne peut donner la loi dans le commerce, & que, pourvu que la fomme des befoins & celle des marchandifes à vendre demeure la même, vous n'attendez aucun changement dans le réfultat des opérations ; mais comme vous oppofez ce raifonnement à toutes les objections qu'on a faites fur les inconvéniens de la concurrence dans les commerces paffifs, il eft abfolument néceffaire d'y répondre, & de combattre les argumens de théorie que vous employez dans cette occafion.

La valeur vénale, dites-vous, dérive effentiellement du rapport entre les quantités à vendre & les quantités à acheter; ainfi la différence entre le nombre des acheteurs & celui des vendeurs, a très-peu d'influence fur cet objet.

Ce principe eft vrai dans un fens, mais il eft abfolument faux dans l'application que vous lui donnez; dix acheteurs luttant contre cinq vendeurs, ou dix vendeurs difputant contre cinq acheteurs, le prix du marché ne différera guère fi la fomme de leurs befoins refpectifs eft toujours la même, parce qu'il y aura une difcordance dans les opérations des acheteurs comme dans celle des vendeurs, qui les rapprochera mutuellement d'un point central entre leur cupidité réciproque: Mais le cas eft abfolument différent, quand un feul acheteur ou un feul vendeur lutte contre beaucoup d'autres, celui qui achette feul de plufieurs, eft fûr que la rivalité qui s'établit entre les vendeurs, lui annoncera néceffairement le terme du profit dont ils peuvent fe contenter; & feul confident de fes deffeins, feul guide de fes opérations, il lui devient facile d'en profiter, & il établit fur eux une loi impérieufe à laquelle il leur eft impoffible de fe fouftraire; le défavantage des acheteurs en concurrence, comparé à l'acheteur unique, eft encore plus fenfible, lorfqu'il y a une diverfité dans les fortes & les qualités des marchandifes que l'on doit acheter, parce que la maffe entière des acheteurs fe portant vers la partie de marchandifes qui donne le plus de profit, il s'établit alors une inégalité conftante entre la fomme à vendre & la fomme des befoins, en forte qu'il peut y avoir fréquemment cent demandes de mille, contre mille à vendre, quoique la maffe totale des marchandifes demandées, foit égale à la maffe totale des marchandifes à vendre.

48

L'avantage universellement reconnu de la Compagnie des Indes, dans ses achats & dans ses ventes, en raison de l'unité de ses opérations, auroit pu suffire sans doute pour détruire votre proposition, mais vous ne vous rendriez pas à des exemples.

Il me semble qu'une partie de votre ouvrage est une attaque continuelle livrée à l'expérience par la théorie & aux faits par les possibilités. J'ai le plus grand respect pour les spéculations de l'esprit humain, & je reconnois toutes les lumières qu'elles répandent sur la conduite de la vie & sur les sciences économiques, mais le coup d'œil le plus pénétrant seroit peut-être celui qui engageroit à dédaigner moins promptement les idées établies dans le commerce; elles ont l'apparence d'une routine & d'une espèce d'instinct chez les Négocians, parce que ces mêmes idées ne les ayant jamais intéressés que comme des guides dans leurs opérations, ils les ont gravées dans leur mémoire absolument séparées de leurs principes! & cette habitude forme un contraste avec la manière de procéder de ces hommes qui, pensant beaucoup plus qu'ils n'agissent, enchaînent toutes leurs idées par une suite de raisonnemens, & loin d'être mus par de simples résultats ne peuvent s'y intéresser que par leur rapport avec les principes qui sont le premier objet de leur attention; cependant il n'est pas moins vrai que cette espèce d'instinct chez les Négocians doit sa naissance à une multitude de perceptions & de combinaisons fines que l'œil actif & pénétrant de l'intérêt a saisi, & que les spéculations tranquilles de la théorie n'ont peut-être pas encore entièrement aperçues.

Ils n'entendront pas bien, ces Négocians, ce que vous voulez dire en prétendant que les Armateurs de nos ports qui font continuellement des commerces où l'on gagne dix pour cent, feront bien celui des Indes où l'on en gagne cent quarante. Ces deux idées ne s'enchaînent point. Un commerce où l'on gagne

dix

dix pour cent de l'achat à la vente peut être préférable à tel autre où l'on en gagne cent quarante: tout dépend de la longueur du voyage, du risque & de la nature de ce commerce.

Les inductions que vous tirez de la liberté du commerce avec les colonies d'Amérique, ne paroissent pas applicables à celui des Indes, non-seulement parce qu'elles sont dans un éloignement beaucoup moins considérable, mais aussi parce qu'étant sous la même domination que la métropole, les erreurs de l'une envers les autres, deviennent indifférentes à l'État.

Il est enfin un argument que vous annoncez comme décisif, & que les Négocians ne recevront pas comme tel. Vous dites que les habitans de nos ports qui entendent mieux le commerce que les citoyens de Paris, demandent déjà des permissions, & vous ajoutez que, puisque ces personnes risqueront dans ces opérations leurs propres capitaux, leurs sollicitations sont bien plus persuasives en faveur du commerce particulier que tous les raisonnemens des défenseurs du privilége. Mais avez-vous pris garde, Monsieur, qu'il y a tels moteurs ardens d'une expédition de commerce, qui n'y peuvent rien perdre! ils gagnent une Commission, vantent leur talent & leur industrie; & les citoyens de Paris moins habiles qu'eux, j'en conviens, fournissent l'argent & courent les risques.

Je ne répondrai point à la multitude de principes généraux que vous employez pour soutenir votre système: ils roulent principalement sur la puissance de l'intérêt particulier, on ne peut la contester; mais les Négocians savent bien que son énergie même est redoutable, quand elle est séparée des lumières: on les acquiert sans doute par l'expérience; mais dans le commerce des Indes, où l'on ne peut recevoir qu'un avertissement tous les deux ans, l'instruction arrive lentement & les leçons sont chères.

Aux principes que vous établissez sur la force irrésistible de

G

l'induſtrie particulière, vous en ajoutez d'autres ſur la liberté ſans borne qu'exigent toutes les affaires de commerce : tous ces principes ne ſont ſuſceptibles de contradiction que dans l'étendue indéfinie que vous leur donnez. Je ne ſais, mais il me ſemble qu'il faut ſe défier un peu du penchant invincible qu'ont la plupart des hommes pour les maximes générales qui les ſéduiſent, en ne les obligeant à claſſer dans leur mémoire, qu'un petit nombre de principes, à l'aide deſquels ils peuvent juger de beaucoup de choſes avec peu de peine, tandis que la Nature ſe refuſant à notre pareſſe, a placé continuellement l'exception à côté de la règle, l'erreur auprès de la vérité, & le faux près du vraiſemblable.

Je vous ai fait part, Monſieur, de mes réflexions ſur votre Mémoire : on pourroit les étendre infiniment davantage ; mais je n'ai point eu l'orgueil de préſumer que je pouvois inſtruire, & ſi je puis ſuſpendre l'opinion, j'aurai rempli parfaitement le ſeul but auquel il m'étoit permis d'aſpirer.

Je ne ſaurois finir cette lettre ſans vous faire un petit reproche ſur les attaques indirectes que vous faites en pluſieurs endroits de votre Mémoire, à la pureté des intentions des perſonnes qui ont défendu juſqu'à préſent l'utilité de la Compagnie des Indes : laiſſez tous ces vils ſoupçons de motif & d'intérêt particulier, à ces hommes médiocres, qui n'ayant jamais aperçu d'autre levier dans leur cœur, croient que le monde entier ſe remue comme eux ; & juſqu'à ce qu'on vous prouve le contraire, croyez les hommes tels qu'ils doivent être, francs & honnêtes, mais capables de ſe tromper.

F I N.

www.ingramcontent.com/pod-product-compliance
Lightning Source LLC
LaVergne TN
LVHW021707080426
835510LV00011B/1633